Es muy fácil, ¿verdad?
Einfach Spanisch lesen

Lesen und dabei Sprachen lernen – leichter und unterhaltsamer lassen sich erste Kenntnisse in einer Fremdsprache kaum festigen und erweitern. Unsere Auswahl volkstümlicher sowie literarischer Texte in Prosa und Versen bietet dem Lernenden mit Beispielen typischer Verhaltensweisen (von Kindern und Erwachsenen) vergnügliche Einblicke in den spanischen Alltag. Die deutsche Übersetzung erschließt neben dem Inhalt auch Klang und Rhythmus des spanischen Originals, sie entschlüsselt anspruchsvollere grammatikalische Konstruktionen und erübrigt bei schwierigeren Ausdrücken und Wendungen die Suche im Wörterbuch.

Es muy fácil, ¿verdad?
Einfach Spanisch lesen

Ausgewählt und übersetzt
von Erna Brandenberger

Illustrationen
von Louise Oldenbourg

dtv

Originalausgabe 2009
11. Auflage 2025
dtv Verlagsgesellschaft mbH & Co. KG
Tumblingerstraße 21, 80337 München
produktsicherheit@dtv.de
Hinweise zum Copyright: S. 108
zweisprachig@dtv.de
Umschlagkonzept: Balk & Brumshagen
Umschlagfoto: Corbis/MedioImages
Satz: Greiner & Reichel, Köln
Druck und Bindung: Druckerei C.H.Beck, Nördlingen
Printed in Germany · ISBN 978-3-423-09485-6

Galgo que muchas liebres levanta,
ninguna mata.

Ein Hund, der viele Hasen aufscheucht,
tötet keinen.

Canción

Sopla, sopla el viento norte,
esta noche va a nevar.
¿Qué va a hacer el jilguero?
El jilguerito, ¿qué hará?
Se sentará en el granero
y allí se calentará.
En el manto de las alas
su cabeza esconderá.
¡Pobrecito jilguerito!
¡Vuela, que te vas a helar!

popular

Lied

Der Nordwind bläst, der Nordwind bläst,
heute Nacht wird es schneien.
Was macht nun wohl der Distelfink?
Armer Distelfink! Was wird er tun?
Er muss sich in die Scheune setzen,
sich dort ein wenig wärmen.
Im Federkleid der Flügel
seinen Kopf verbergen.
Armer kleiner Distelfink!
Flieg, flieg, sonst wirst du erfrieren!

volkstümlich

La hora de comer

Pidió un señor a sus criados de comer. Respondiéronle:

— Señor, no son las diez.

El señor dijo:

— Pues dénme de comer, que en mi estómago son las doce.

Esteban de Garibay y Zamalloa

Essenszeit

Ein Edelmann verlangte von seinen Dienern das Mittagessen. Sie antworteten ihm:

«Herr, es ist noch nicht einmal zehn Uhr.»

Der Edelmann sagte:

«Bringt mir das Essen, denn in meinem Magen ist es schon zwölf Uhr.»

La liebre y el galápago

Sacaba la liebre burla del galápago; y como
le veía mover tan pesado, preguntábale si
tenía los pies de plomo. El galápago, venido a
enojarse, la desafió a correr. Pusieron apuestas
muy buenas, señalaron el trecho de la corrida,
y sin perder punto comenzó el galápago su
carrera; del cual hizo la liebre tan poco caso,
y en tanta manera la despreció, que recostada
en tierra esperaba que su contrario llegase a
tres o cuatro pasos del trecho señalado, pre-
tendiendo que aun así le había de ganar. Pero
fue tanto su descuido que la venció el sueño,
y cuando recordó, halló que habiendo ya el
galápago salido con su empresa, le habían
los jueces dado las apuestas, que juntamente
con la honra ella por su pereza había perdido.
  Hacienda y honra ganarás obrando,
  y no con presumir emperezando.

Sebastián Mey

Der Hase und die Schildkröte

Der Hase machte sich lustig über die Schildkröte;
weil sie sich so schwerfällig bewegte, fragte er sie,
ob sie Bleifüße habe. Die Schildkröte wurde zornig
und forderte ihn zum Wettlauf heraus. Sie setzten
eine hohe Summe aus, steckten die Laufstrecke ab,
und die Schildkröte machte sich unverzüglich auf den
Weg. Das kümmerte den Hasen wenig; so tief war seine Verachtung, dass er sich hinlegte, um zu warten,
bis seine Gegenspielerin drei oder vier Schritte vor
dem Ziel anlangte, denn er prahlte, er werde sie auch
so besiegen. So sorglos nahm er die Sache, dass ihn
der Schlaf überkam, doch beim Erwachen musste er
feststellen, dass die Schildkröte das Ziel erreicht und
von den Schiedsrichtern bereits den Preis erhalten
hatte. Der Hase aber hatte aus Faulheit außer der
Wette auch seine Ehre verloren.

Willst du Güter und Ehre gewinnen, statt prahlen
und schlafen musst du das Werk beginnen.

El retorno de Drácula

Es cierto. Se fue y dejó de venir durante muchos años. Los niños crecieron. Mire lo grandes que están: ya todos tienen gafas y van a la universidad.

Ellos no lo reconocieron. Pero entre él y yo las cosas pasaron como si no se hubiera ido nunca. El mismo día que volvió nos dimos cuenta. No había cambiado nada. A los dos minutos estábamos donde mismo habíamos empezado, cuando nos casamos, hace ya tanto tiempo.

Él me dijo que no quería sangre para la comida. Yo le dije que no había nada más.

Nicolás Suescún

Dracula ist wieder da

Es stimmt. Er verschwand und kam viele Jahre nicht mehr. Die Kinder wuchsen heran. Schauen Sie, wie groß sie sind! Alle tragen schon Brillen und gehen auf die Universität.

Sie erkannten ihn nicht. Aber zwischen ihm und mir verlief alles, als wäre er niemals fort gewesen. Gleich am Tag seiner Rückkehr stellten wir das fest. Es hatte sich gar nichts verändert. Schon nach zwei Minuten waren wir wieder genau dort, wo wir angefangen hatten, als wir heirateten – und das ist schon so lange her.

Er sagte zu mir, er wolle kein Blut zum Mittagessen. Ich sagte zu ihm, etwas anderes sei nicht da.

El llamado de la montaña

Una mañana temprano la montaña comenzó a lanzar pequeños gritos.

Los pájaros se asustaron, algunas vacas dejaron de rumiar, miraron hacia la montaña un poco sorprendidas y siguieron comiendo. La naturaleza retomó su ritmo. Y los animales siguieron comiendo y corriendo. Pero la montaña persistió en sus gritos. Al día siguiente unos gritos más fuertes sorprendieron a vacas y animales. Y hasta un campesino se sorprendió un poco. Levantó la cabeza, se sacó el sombrero de paja y se rascó. Luego volvió a su tarea.

Lo más sorprendente no fue tanto que la montaña gritara sino que otras montañas siguieron el ejemplo y también, tímidamente al principio, como entonándose y dándose ánimo, lanzaron pequeños gritos. Y ya nadie, ni vaca, campesino, ni animales, se preocuparon.

Al tiempo, el grupo de montañas, mucho más animado, no solamente gritó, sino cantó. Actualmente es una gloria escuchar en los atardeceres cuando el sol se aleja lentamente, el hermoso coro de montañas cantando alborozadas.

Miguel Bravo Tedín

Der schreiende Berg

Eines frühen Morgens begann der Berg dünne Schreie auszustoßen.

Die Vögel erschraken, einige Kühe hörten auf wiederzukäuen, schauten ein wenig verdutzt zum Berg hinüber und kauten dann weiter. Die Natur nahm wieder ihren Lauf. Die Tiere fraßen und trabten umher. Aber der Berg stieß beharrlich weitere Schreie aus. Am anderen Morgen erschreckten heftigere Schreie Kühe und andere Tiere. Sogar ein Bauer schaute ein bisschen erstaunt. Er hob den Kopf, nahm den Strohhut ab und kratzte sich. Dann wandte er sich wieder seiner Arbeit zu.

Das Erstaunlichste war eigentlich nicht, dass der Berg schrie, sondern dass andere Berge seinem Beispiel folgten und auch – anfänglich zaghaft, wie um sich einzustimmen und gegenseitig zu ermutigen – dünne Schreie ausstießen. Und niemand, weder Kuh, noch Bauer, noch andere Tiere, kümmerte sich mehr darum.

Mit der Zeit wurde die Gebirgsgruppe ausgelassener, sie begnügte sich nicht mehr mit Schreien, sie sang. Gegenwärtig ist es eine wahre Freude, am Abend, wenn die Sonne sich allmählich neigt, dem wunderschönen Jubelgesang des Gebirgschores zuzuhören.

Chistes

Mató a un hombre un herrero de un lugar. Fue
condenado a ahorcar. Juntóse casi todo el pueblo,
y dijeron al alcalde que no le ahorcase, porque era
muy necesario al pueblo, que no podían pasar sin
herrero para que hiciese rejas y azadas y herradu-
ras. El alcalde dijo que no podía sino hacer justicia
de él. Respondió un labrador:

— Señor, en este lugar hay dos tejedores,
y para un lugar pequeño basta uno. Ahorcad
un tejedor en el lugar del herrero.

Un padre tenía un hijo necio, y queriéndole
desposar, encomendóle mucho que no hablase,
porque no entendiesen que era necio. Y estan-
do todos asentados a la mesa, los parientes de
la novia dijeron que parecía el desposado necio,
como no le veían hablar; y oyéndolo el desposado, dijo a su padre:

— Señor, bien puedo ya hablar, que ya me
han conocido.

Esteban de Garibay y Zamalloa

Witze

In einem Dorf erschlug ein Schmied einen Mann. Er wurde zum Tod am Galgen verurteilt. Fast das ganze Dorf lief zusammen, und alle redeten auf den Bürgermeister ein, ihn doch nicht zu hängen, denn er werde im Dorf dringend gebraucht; wer sonst sollte ihnen Zäune und Hacken und Hufeisen herstellen! Aber der Bürgermeister hielt es für unumgänglich, das Recht durchzusetzen. Da erwiderte ein Bauer:

«Herr, in unserem Dorf haben wir zwei Weber, und für diesen kleinen Ort genügt einer. Hängt doch einen Weber auf anstelle des Schmieds.»

Ein Vater hatte einen stockdummen Sohn, und da er mit ihm auf Brautschau gehen wollte, schärfte er ihm ein, ja nicht zu reden, damit die Leute nicht merkten, wie dumm er war. Als alle zu Tisch saßen, sagten die Angehörigen der Braut, der Bräutigam müsse wohl dumm sein, da sie ihn nie reden hörten. Als das der Sohn vernahm, sagte er zu seinem Vater:

«Nun darf ich doch getrost reden, man hat mich ja durchschaut.»

El desprecio como destino

Pieles negras, pelucas blancas, coronas de luces,
mantos de seda y pedrería : en el carnaval de
Río de Janeiro, los muertos de hambre sueñan
juntos y son reyes por un rato. Durante cuatro
días, el pueblo más musical del mundo vive
su delirio colectivo. Y el miércoles de cenizas,
al mediodía, se acabó la fiesta. La policía se
lleva preso a quien siga disfrazado. Los pobres
se despluman, se despintan, se arrancan las
máscaras visibles, máscaras que desenmascaran,
máscaras de la libertad fugaz, y se colocan las
otras máscaras, invisibles, negadoras de la cara :
las máscaras de la rutina, la obediencia y la
miseria. Hasta que llegue el próximo carnaval,
las reinas vuelven a lavar platos y los príncipes
a barrer las calles.

Geringschätzung als Schicksal

Schwarze Haut, weiße Perücken, blitzende Diademe,
edelsteinbesetzte seidene Umhänge – im Karneval
in Rio träumen die Hungerleider einen gemeinsamen
Traum und sind für eine kurze Weile Könige. Während vier Tagen lebt das musikalischste Volk der Welt
seinen kollektiven Taumel aus. Am Aschermittwoch
ist mittags um zwölf Uhr das Fest zu Ende. Die Polizei verhaftet alle, die noch verkleidet sind. Die Armen
streifen ihren Federschmuck ab, waschen die Schminke weg, nehmen die Masken der flüchtigen Freiheit
ab und setzen die anderen, die unsichtbaren auf, die
ihr Gesicht unkenntlich machen: die Masken des
Alltags, des Gehorsams und Elends. Bis der nächste
Karneval beginnt, waschen die Königinnen wieder
Geschirr, und die Prinzen kehren die Straßen.

Ellos venden diarios que no saben leer, cosen ropas que no pueden vestir, lustran autos que nunca serán suyos y levantan edificios que jamás habitarán. Con sus brazos baratos, ellos brindan productos baratos al mercado mundial.

Ellos hicieron Brasilia, y de Brasilia fueron expulsados.

Cada día ellos hacen el Brasil, y el Brasil es su tierra de exilio.

Ellos no pueden hacer la historia. Están condenados a padecerla.

Eduardo Galeano

Sie verkaufen Zeitungen, die sie nicht lesen können, nähen Kleider, die sie nicht tragen dürfen, polieren Autos, die ihnen nie gehören, und bauen Häuser, in denen sie nie wohnen werden. Mit ihrer billigen Arbeitskraft liefern sie billige Waren für den Weltmarkt.

Sie erbauten die Hauptstadt Brasilia, und aus Brasilia sind sie verbannt.

Jeden Tag bauen sie am brasilianischen Staat mit, trotzdem ist Brasilien ihr Exil.

Sie können die Geschichte nicht mitgestalten, sie sind dazu verurteilt, Geschichte zu erleiden.

Ausencia

Cada mañana Acha subía al ferrocarril de
las nueve para ir a trabajar: Subía siempre al
mismo vagón y se sentaba en el mismo lugar.

Frente a él viajaba una mujer. Todos los días,
a las nueve y veinticinco, esa mujer bajaba por
un minuto en una estación, siempre la misma,
donde un hombre la esperaba parado siempre
en el mismo lugar. La mujer y el hombre se
abrazaban y se besaban hasta que sonaba la
señal de salida. Entonces ella se desprendia y
volvía al tren.

Esa mujer se sentaba siempre frente a él, pero
Acha nunca le escuchó la voz.

Una mañana ella no vino y a las nueve y
veinticinco Acha vio, por la ventanilla, al hombre esperando en el andén. Ella nunca más vino.
Al cabo de una semana, también el hombre des-
apareció.

Eduardo Galeano

Ausgeblieben

Jeden Morgen fuhr Acha um neun Uhr mit der
Eisenbahn zur Arbeit. Er stieg immer in den gleichen Wagen ein und setzte sich immer auf den
gleichen Platz.

Ihm gegenüber saß eine Frau. Jeden Morgen um
9 Uhr 25 stieg sie an immer der gleichen Haltestelle
für eine Minute aus, wo ein Mann sie am immer
gleichen Ort erwartete. Die Frau und der Mann um-
armten und küssten einander, bis das Signal zur
Weiterfahrt ertönte. Daraufhin löste sie sich aus
der Umarmung und kehrte in den Wagen zurück.

Die Frau setzte sich wieder Acha gegenüber,
aber noch nie hatte er ihre Stimme gehört.

Eines Tages kam sie nicht, und um 9 Uhr 25
sah Acha durch das Zugfenster, dass der Mann
auf dem Bahnsteig wartete. Sie kam nie
wieder. Nach einer Woche war auch der
Mann verschwunden.

Adivinanzas

Una dama muy delgada
y de palidez mortal,
que se alegra y reanima
cuando la van a quemar.

la vela

Al ver dos hombres que venían,
dos mujeres una a otra decían:
«Allí vienen nuestros padres,
maridos de nuestras madres,
padres de nuestros hijos
y nuestros propios maridos.»

dos viudos que se casaran
con sus respectivas hijas

Es una red bien tejida
cuyos nudos no se ven,
y duran toda la vida.
En esta red de pescar,
unos claman por salir
y otros claman por entrar.

el matrimonio

Rätsel

Eine sehr schlanke Dame
steht leichenblass da
und lebt freudig auf,
sobald sie verbrennt.

die Kerze

Das sagen zwei Frauen zueinander,
als zwei Männer ihnen begegnen:
«Da kommen unsere Väter,
die Gatten unserer Mütter,
Väter unserer Kinder
und unsere eigenen Gatten.»

zwei Witwer heirateten jeweils
die Tochter des anderen

Ein fein geknüpftes Netz
mit unsichtbaren Knoten,
die halten das ganze Leben.
Einige drinnen im Netz
erflehen den Ausgang,
andere draußen erflehen den Zugang.

die Ehe

Vuela sin alas,
silba sin boca,
azota sin manos,
y tú ni lo ves, ni lo tocas.

el viento

Fernán Caballero

De noche, todos los gatos
son pardos.

In der Nacht sind alle
Katzen grau.

Er fliegt ohne Flügel,
er pfeift ohne Mund,
er schlägt ohne Hände,
lässt sich weder sehen noch greifen.

der Wind

La burra perdida

Un licenciado del ejército, que se retiraba a su casa sin oficio ni beneficio, halló por casualidad la receta de unas píldoras para curar todas las enfermedades habidas y por haber, que se le había perdido a un charlatán. Como no lo era él poco, se presentó en el pueblo diciendo que había estudiado medicina, y como le creyesen buenamente sus paisanos, principió a ejercer la profesión con todo descaro, propinando siempre la misma medicina para todas las enfermedades, aunque la causa de ellas fuese contraria.

Las píldoras obraban a las mil maravillas, algunos enfermos se curaron, otros se murieron; pero las píldoras no desmerecían por esto, y el charlatán, menos.

Un día se le acercó un paisano y le dijo:

— Las píldoras de usted, ¿curan todas las enfermedades? ¿Podrán curar también la mía?

— De seguro — repuso nuestro hombre con el aplomo de un charlatán —. Pero, ¿qué enfermedad es?

— Mi enfermedad es, señor, que se me ha perdido una burra y por más diligencias que practico no puedo encontrarla.

El médico se turbó con esta contestación; pero luego sacó media docena de píldoras y le dijo con bastante seguridad:

Die entlaufene Eselin

Ein verabschiedeter Soldat war ohne Handwerk und Habe auf dem Heimweg und fand zufällig ein Rezept für Pillen gegen alle bekannten und unbekannten Krankheiten, das ein Quacksalber verloren hatte. Da er selbst auch nicht wenig Begabung zum Quacksalbern hatte, trat er mit der Behauptung im Dorf auf, er habe Medizin studiert, und als die Leute es ihm gutgläubig abnahmen, begann er seinen Beruf in aller Unverschämtheit auszuüben und verschrieb für alle Krankheiten immer dieselbe Medizin, selbst bei gegensätzlichen Ursachen.

Die Pillen wirkten auf wundersame Weise: Einige Kranke wurden gesund, andere starben, aber die Pillen büßten ihr Ansehen deswegen nicht ein und der Quacksalber das seine noch weniger.

Eines Tages kam ein Bauer zu ihm und sagte:

«Ihre Pillen heilen doch alle Krankheiten, nicht wahr? Könnten sie auch meine heilen?»

«Sicher», antwortete unser Mann so selbstbewusst, wie es nur ein Quacksalber kann, «aber was ist es denn für eine Krankheit?»

«Meine Krankheit, Herr, ist folgende: Es ist mir eine Eselin entlaufen, und ich kann sie trotz allen Bemühungen nicht finden.»

Der Arzt stutzte ein wenig bei dieser Antwort; aber dann nahm er ein halbes Dutzend Pillen aus der Tasche und sagte mit einigem Nachdruck zu ihm:

– Tómelas usted, buen hombre, y verá prodigios.

El paisano las tomó con fe y se salió al campo; y como la medicina le obligase a separarse del camino, se acercó a un espeso cañaveral ... y, ved aquí una coincidencia extraña, estaba allí su burra.

Esta cura prodigiosa ha sido la base de la fortuna del curandero, porque el campesino principió a publicar que aquel médico, no sólo curaba las enfermedades, sino que daba recetas para encontrar las burras perdidas, que por cierto no es poco.

Fernán Caballero

«Nehmen Sie die, guter Mann, und Sie werden Wunder erleben.»

Der Bauer nahm sie vertrauensvoll ein und ging aufs Feld hinaus. Da die Pillen ihn aber zwangen, vom Weg abzugehen, suchte er ein Schilfdickicht auf, und siehe da, welch seltsamer Zufall! ... da stand seine Eselin.

Diese Wunderheilung war der Grundstock für den Reichtum des Medizinmannes, denn der Bauer erzählte überall herum, dass dieser Arzt nicht nur Krankheiten heilte, sondern auch Rezepte gab, um entlaufene Esel zu finden, und das ist wahrlich keine Kleinigkeit.

La provinciana

Cuando estuvo en Madrid, antes de su boda, tuvo unos amores encendidos con un joven que se asomaba al otro balcón de su hotel. No pudo, por la estrecha vigilancia que la rodeaba, entablar otra clase de relaciones, pero las miradas fueron calurosas y se gozaron mirándose.

Después se fue sin verle por última vez, y cuando al cabo del tiempo se casó con el provinciano en el fondo de la provincia, notó, y no se lo dijo a nadie, que su hijo se parecía a aquel hombre de la aventura en la capital, y se parecía aunque hacía cinco años que había estado allí.

Ramón Gómez de la Serna

Die Unschuld vom Lande

Als sie vor ihrer Hochzeit in Madrid war, entbrannte sie in heißer Liebe zu einem Mann, der zu einem anderen Fenster des Hotels herausschaute. Wegen der strengen Überwachung war es ihr nicht möglich, eine weitergehende Beziehung zu ihm aufzubauen, aber ihre Blicke waren heiß, und sie genossen es sehr, einander anzuschauen.

Dann reiste sie ab, ohne dass sie sich zum Abschied mit ihm getroffen hatte. Als sie dann schließlich einen Mann aus ihrem Dorf in der hintersten Provinz heiratete, stellte sie fest, sagte es aber niemandem, dass ihr Kind dem Mann glich, mit dem sie das Abenteuer in der Hauptstadt gehabt hatte – und es glich ihm, obwohl mittlerweile fünf Jahre vergangen waren, seit sie dort gewesen war.

¿Dónde nos mudamos?

Robaron unos ladrones en Toledo a uno que se
llamaba Pedro el Negre; y llevándole un arca
y dos colchones, viéndolo él, se fue tras ellos.
Como les siguiese le preguntaron qué quería.
Respondió:

— Voy a ver adónde me mudáis.

Melchor de Santa Cruz

Umzug

In Toledo wurde ein Mann namens Pedro el Negre
ausgeraubt. Er sah, wie die Diebe eine Truhe und
zwei Matratzen wegtrugen, und ging ihnen nach.
Als sie bemerkten, dass er ihnen folgte, fragten
sie ihn, was er wolle. Er antwortete:

«Ich möchte gern wissen, wohin ihr mit mir
umzieht.»

Chistes

En un bar de una ciudad alemana se encuentran varios trabajadores españoles bebiendo unas cervezas. Están muy animados charlando cuando se les acerca un alemán y les pregunta:

¿Es cierto que los españoles sois aficionados a la bebida?

Y uno del grupo le contesta:

De aficionados nada … somos muy *profesionales*.

En un juicio público se forma un gran tumulto y el juez tiene que llamar la atención a la sala: ¡Silencio! ¡Silencio! Les aviso que, como vuelva a oír otra vez «abajo el juez», echo a todos a la calle.

¡Abajo el juez! se oye de nuevo.

Y el juez exclama:

La advertencia no lo incluye a usted, señor acusado.

Manuel Jurado

Witze

Eine Gruppe spanischer Arbeiter in Deutschland saß in einer Schänke beim Bier. Sie unterhielten sich lebhaft, als ein Deutscher am Tisch vorbeiging und sie ansprach:

«Stimmt es also, dass die Spanier Bierliebhaber sind?»

Einer aus der Gruppe gab darauf zur Antwort:

«Nichts da von Liebhabern, wir sind erfahrene Fachleute.»

Bei einer öffentlichen Gerichtsverhandlung entstand ein Tumult, und der Richter musste zur Ordnung rufen: «Ruhe! Ruhe! Ich ermahne Sie, wenn nochmals geschrien wird ‹Nieder mit dem Richter!›, werfe ich Sie alle hinaus.»

Aber da hörte man von neuem: «Nieder mit dem Richter!»

Worauf der Richter in den Saal ruft:

«Angeklagter, meine Warnung gilt nicht für Sie!»

El viejo y el mancebo

Servía un caballero viejo a una dama, y un mancebo que también la servía díjole:

– No son todos para servir el amor.

Respondióle:

– Decíslo, señor, porque sois mozo y yo viejo. Pues hágoos saber que en mi tierra por más mozo tienen a un hombre de cincuenta años que no a un asno de quince.

Esteban de Garibay y Zamalloa

Der Greis und der Jüngling

Ein alter Kavalier umwarb eine Dame; da sagte
ein Jüngling, der ebenfalls um sie warb, zu ihm:

«Es taugen nicht alle für den Liebesdienst.»

Er antwortete ihm:

«Das sagt Ihr, Herr, weil Ihr jung seid und ich
alt bin. So wisst denn, dass in meiner Heimat ein
fünfzigjähriger Mann für jünger angesehen wird
als ein fünfzehnjähriger Esel.»

El hombre a quien faltó dinero y sobró vida

Un resabido de hombre, hallándose con gruesa cantidad de dineros, hizo su cuenta, diciendo ansí:

– Yo ya soy hombre en días, que puedo vivir en esta vida diez o doce años; dejar quiero el oficio y comer cada día buenas viandas.

Dicho y hecho. Prosiguiendo su opinión, sobráronle los años, faltándole los dineros, por lo que tuvo necesidad de ir a pedir por Dios, y pidiendo decía:

– Señores, ayudad a este pobre hombre que ha errado la cuenta y le sobra la vida.

Juan de Timoneda

Der Mann, dem das Geld ausging, aber noch Leben übrigblieb

Ein Neunmalkluger sah sich im Besitz einer großen Geldsumme, machte seine Rechnung und sagte sich:

«Ich bin schon ziemlich alt und werde noch etwa zehn oder zwölf Jahre zu leben haben. Ich gebe mein Gewerbe auf und gönne mir jeden Tag gutes Essen.»

Gesagt, getan. Er lebte nach seinen Vorstellungen, und es blieben ihm Jahre übrig, doch das Geld ging ihm aus, weshalb er große Not litt und um Almosen betteln musste. Dabei sagte er dann:

«Liebe Leute, helft mir armem Mann, ich habe falsch gerechnet, denn ich habe noch Leben übrig.»

Greguerías

El viaje más barato es el dedo sobre el
mapa.

No hay que dar la verdad desnuda. Por lo menos
hay que ponerle un velillo.

Peligroso es ver más estrellas de las que hay.

El agua no tiene memoria: por eso es tan limpia.

Las algas que aparecen en las playas son los pelos
que se arrancan las sirenas al peinarse.

¡Qué tragedia! Envejecían sus dedos, pero no
envejecían sus sortijas.

El hielo sólo es inmortal en los polos.

Greguerías*

Die billigste Reise ist die mit dem Finger auf der Landkarte.

Man sollte die Wahrheit nicht nackt bringen. Zumindest sollte man sie in ein Schleierchen hüllen.

Es ist gefährlich, mehr Sterne zu sehen als vorhanden sind.

Das Wasser besitzt kein Gedächtnis. Darum ist es so rein.

Die Algenfäden an den Stränden sind die Haare, die den Sirenen beim Kämmen ausfallen.

Was für ein Pech! Ihre Finger alterten, nicht aber ihre Ringe.

Das Eis ist nur an den Polen unsterblich.

Las lágrimas desinfectan el dolor.

La vida es así: «¿Se ha acomodado bien? ¡Pues entonces, fuera!»

Cae la niebla sobre la ciudad para ver si consigue que el hombre se olvide de la realidad.

La sidra quisiera ser champaña pero no ha viajado bastante por el extranjero.

Ni siquiera el maletín – que siempre nos resultó pequeño – lo necesitaremos para el gran viaje.

Ramón Gómez de la Serna

Die Tränen desinfizieren den Schmerz.

So ist das Leben: «Haben Sie sich gut eingerichtet?
Also dann, raus!»

Der Nebel legt sich auf die Stadt, weil er schauen
möchte, ob es ihm gelingt, die Menschen die Wirk-
lichkeit vergessen zu lassen.

Der Apfelmost wäre gern Champagner, aber er ist
nicht genug im Ausland herumgereist.

Nicht einmal das Köfferchen, das uns sonst immer
zu klein vorkam, werden wir für die große Reise
brauchen.

---

* Greguerías: Eine Art spielerische Aphorismen, je nachdem witzig, poetisch,
 besinnlich – einfach irgendwie verquer. Die vom Autor geschaffene literarische
 Gattung hat noch keine Nachahmer gefunden.

El alcaraván

Era vez y vez una paloma que tenía su nido en la altura de un árbol y se consideraba feliz con sus hijitos gozando de la paz y sosiego de los campos.

Pasó un día por allí un zorro y al verla se paró a saludarla diciéndole que se alegraba tanto de haberla encontrado en aquella soledad, donde nada le faltaba para ella y sus polluelos, cuando los tiempos eran tan malos que apenas hallaban que comer los animales.

Manifestóle en seguida que padecía gran necesidad, pues había ya dos días que no probaba comida alguna y no tenía fuerzas para continuar su camino. Rogóle, por último, que lo socorriese aunque no fuera más que con un par de sus palominos y le viviría agradecido para siempre.

Temiendo la paloma una embestida brusca del enemigo, consternada y llena de miedo, se disponía, muy a pesar suyo, a satisfacer tan cruel exigencia. Pero acertó a pasar en aquel momento un alcaraván, y enterándose de lo que ocurría, se compadeció de la paloma y le aconsejó que no le diese nada al zorro, porque el árbol estaba muy alto y no podía subir de ningún modo adonde ella tenía su nido.

Der Regenpfeifer

Es war einmal eine Taube, die hatte ihr Nest zuoberst auf einem Baum, sie fühlte sich glücklich mit ihren Jungen und genoss den Frieden und die Ruhe auf dem Land.

Eines Tages kam ein Fuchs vorbei, und als er sie sah, blieb er stehen, um sie zu begrüßen; er sagte zu ihr, wie sehr er sich freue, ihr in dieser Einsamkeit zu begegnen, wo es ihr und ihren Jungen an nichts mangle, obwohl die Zeiten so schlecht seien und die Tiere kaum etwas zu fressen fänden.

Er eröffnete ihr auch gleich, dass er große Not leide, denn schon zwei Tage lang habe er überhaupt nichts mehr gefressen und sei zu schwach, um seinen Weg fortzusetzen. Schließlich bat er sie, ihm doch zu helfen, auch wenn es nur mit zweien ihrer Täubchen sei, und er werde ihr seiner Lebtag dankbar sein.

Die Taube fürchtete einen plötzlichen Angriff ihres Feindes und schickte sich voller Angst und Entsetzen schweren Herzens an, die grausame Forderung zu erfüllen. Aber zufällig flog genau in diesem Augenblick ein Regenpfeifer vorbei, und als er erfuhr, was geschah, hatte er Mitleid mit der Taube und riet ihr, dem Fuchs nichts zu geben, denn der Baum sei sehr hoch und der Fuchs könne auf keinen Fall bis zu ihrem Nest hinaufklettern.

Animóse la paloma con aquellas palabras y rehusó dar al zorro lo que le pedía, exponiéndole la razón de que no era posible que una madre entregase a sus hijos a la muerte. El zorro le preguntó que quién le había dado aquel consejo, y le respondió con la mayor sencillez que el alcaraván.

Entonces el zorro le dirigió a aquél la palabra alabando su sabiduría, y después de varias preguntas sobre el modo que tenía de vivir y en lo que se ocupaba desde que amanecía, recayó por último la conversación en la manera que acostumbraba a dormir.

Respondióle candorosamente el alcaraván que metía la cabeza debajo de las alas y al poco tiempo se quedaba dormido. Instóle el zorro para que lo hiciese entonces al vivo y enterarse mejor. Al tratar de complacerlo escondió la cabeza bajo sus alas y al punto se abalanzó a él con tal violencia que lo mató en el acto y lo devoró, huyendo precipitadamente de aquel sitio, temeroso de que pudiera acudir quien vengase tan alevosa muerte y dejando a la paloma contenta y tranquila, libre de sus asechanzas. Y de este hecho proviene el refrán:

Alcaraván zancudo,
para otros consejos y para sí ninguno.

Fernán Caballero

Die Taube wurde bei diesen Worten zuversichtlich und weigerte sich, dem Fuchs zu geben, was er begehrte, mit der Begründung, eine Mutter könne unmöglich ihre Jungen dem Tod ausliefern. Der Fuchs fragte sie, wer ihr diesen Rat gegeben habe, und sie antwortete in aller Selbstverständlichkeit: der Regenpfeifer.

Darauf richtete der Fuchs das Wort an ihn, rühmte seine Weisheit, fragte ihn dies und jenes über seine Lebensweise, wollte wissen, was er seit Tagesanbruch so getrieben habe, und schließlich kam das Gespräch auf seine Schlafgewohnheiten.

Arglos antwortete der Regenpfeifer, er stecke den Kopf unter die Flügel und schlafe kurz darauf ein. Der Fuchs drängte, er möchte es ihm doch vormachen, damit er es besser verstehe. Um ihm zu Gefallen zu sein, versteckte der Regenpfeifer seinen Kopf unter den Flügeln, sofort stürzte sich der Fuchs ungestüm auf ihn, tötete ihn mit dem ersten Biss, verschlang ihn und machte sich eilends davon aus Furcht, es könnte jemand auftauchen, diesen hinterlistigen Anschlag zu rächen; er ließ die Taube in Ruhe, und sie blieb unbehelligt von seiner Heimtücke. Von diesem Vorfall stammt das Sprichwort:

«Regenpfeifer mit den langen Beinen
weiß für andere Rat und für sich keinen.»

Esos ojos

La abuela se levantó y fue a buscar unas cuantas patatas más. Comencé a pelar con menos prisa las que le quedaban. Escuché el crujido de unos pasos en la grava y pensé que era la abuela. De repente apareció él en el umbral. Me levanté. Nos quedamos mirándonos sin decirnos una sola palabra. Tan sólo clavábamos la vista en el otro. Él veía a una adolescente desconocida que tenía el cabello y la nariz de mi madre. Y yo veía a un hombre desconocido y envejecido, con grandes bolsas bajo los ojos. Era una versión decrépita del joven con uniforme militar que la abuela guardaba en un estante del salón. Pero en medio de aquella cara encontré unos ojos castaños como los míos. Y supe que nos quedaba el resto de nuestras vidas para hablar.

José Alberto García Avilés

Diese Augen

Die Großmutter stand auf und ging noch ein paar Kartoffeln holen. Ich schälte unterdessen die vorhandenen ein wenig langsamer. Da hörte ich Schritte auf dem Kiesweg knirschen und dachte, es sei die Großmutter. Auf einmal stand *Er* auf der Schwelle. Ich stand auf. Wir sahen einander eine Zeitlang an, ohne auch nur ein Wort zu reden. Wir hefteten nur unsere Blicke ineinander. Er sah ein unbekanntes junges Mädchen mit den Augen und der Nase meiner Mutter. Und ich erblickte einen unbekannten gealterten Mann mit dicken Tränensäcken. Es war eine gebrechliche Ausgabe des jungen Mannes in Offiziersuniform, dessen Bild meine Großmutter in der guten Stube auf einer Konsole hütete. Da erkannte ich in diesem Gesicht ein braunes Augenpaar wie das meine. Und ich wusste sogleich, dass wir uns für den Rest des Lebens noch genug zu sagen hatten.

La infantina encantada

A cazar va el caballero,
a cazar como solía,
los perros lleva cansados,
el halcón perdido había;
andando, se le hizo noche
en una oscura montiña.
Sentárase al pie de un roble,
el más alto que allí había:
el tronco tenía de oro,
las ramas de plata fina;
levantando más los ojos
vio cosa de maravilla:
en la más altita rama
viera estar una infantina;
cabellos de su cabeza
con peine de oro partía,
y del lado que los parte,
toda la rama cubrían;
la luz de sus claros ojos
todo el monte esclarecía.
– No te espantes, caballero,
ni tengas tamaña grima;
hija soy yo del gran rey
y de la reina de Hungría;
hadáronme siete hadas
en brazos de mi madrina,

Die verzauberte Prinzessin

Auf die Jagd begibt sich ein Ritter,
um zu jagen, wie gewohnt,
erschöpft folgen die Hunde,
der Falke hat sich verflogen;
auf dem Weg überrascht ihn die Nacht
auf dunkler Waldeshöhe.
Er setzt sich unter eine Eiche,
die höchste, die dort stand:
Sie hat einen Stamm aus Gold,
aus feinem Silber ist das Geäst;
als er weiter hinauf schaut,
glaubt er ein Wunder zu sehn:
auf dem obersten Zweig
erblickt er ein vornehmes Mädchen;
das Haar auf ihrem Kopf
teilte sie mit goldenem Kamm,
auf der Seite, wo sie es teilte,
verdeckte es den ganzen Ast;
der Glanz aus ihren Augen
erhellte den ganzen Berg.
«Erschrick nicht, edler Ritter,
lege ab Entsetzen und Angst;
ich bin Tochter des großen Königs
und der Königin vom Ungarnland;
sieben Feen verzauberten mich
in meiner Patin Arm,

que quedase por siete años
hadada en esta montiña.
Hoy hace los siete años,
mañana se cumple el día;
espéresme, caballero,
llévesme en tu compañía.
– Espereisme vos, señora,
hasta mañana, ese día;
madre vieja tengo en casa,
buen consejo me daría.
La niña le despidiera
de enojo y malenconía:
– ¡ Oh, mal haya el caballero
que al encanto no servía;
vase a tomar buen consejo,
y deja sola la niña!
Ya volvía el caballero,
muy buen consejo traía;
busca la montiña toda,
ni halló roble, ni halló niña;
va corriendo, va llamando,
la niña no respondía.
Tendió los ojos al lejos,
vio tan gran caballería;
duques, condes y señores
por aquellos campos iban;
llevaban la linda infanta,
que era ya cumplido el día.
El triste del caballero

ich müsse auf diesem Berg
sieben Jahre verzaubert verbringen.
Jetzt sind die sieben Jahre vorbei,
morgen jährt sich der Tag;
warte auf mich, edler Ritter,
gib mir dein Geleit.»
«Wartet auf mich, Herrin,
bis morgen, den großen Tag;
meine alte Mutter zu Hause
weiß mir guten Rat.»
Erzürnt und traurig verwünscht ihn
das Mädchen zum Abschied:
«Fluch über den Ritter,
der sich dem Zauber nicht stellt,
er geht und holt Rat,
lässt das Mädchen allein!»
Schon kehrte der Ritter zurück
und brachte den guten Rat;
er durchsucht das ganze Gebirge,
fand nicht Eiche, nicht Prinzessin,
er irrt durch den Wald und ruft,
doch kein Mädchen antwortet ihm.
Er richtet die Augen in die Ferne,
erblickt eine große Reiterschar;
Herzöge, Grafen und Fürsten
ritten weit fort über Land;
in ihrer Mitte das Mädchen,
denn gejährt hatte sich der Tag.
Vom Schmerz getroffen fiel der Ritter

por muerto en tierra caía,
y desque en sí hubo tomado,
mano a la espada metía:
«Quien pierde lo que yo pierdo,
¿qué pena no merecía?
¡Yo haré justicia a mí mismo,
aquí acabaré mi vida!»

Romance tradicional

wie tot auf die Erde hin,
und als er wieder zu sich kam,
legte er die Hand an sein Schwert:
«Wer verliert, was ich verloren habe,
welche Strafe verdient er nicht!
Ich will selbst mich richten:
hier beende ich mein Leben!»

Ballade

Piedad

La piedad señoreó del reino de Nápoles a don Alfonso de Aragón, cuya conquista conseguiría difícilmente con las armas.

Tenía puesto cerco a Gaeta, plaza importantísima en aquellas provincias; defendíanse con valor incomparable los sitiados; pero llegándoles a faltar los víveres, resolvieron arrojar fuera de la muralla a los inútiles, como son ancianos, niños, mujeres y enfermos. Quedó esta miserable gente entre dos fuegos. Llamó a junta aquel monarca y sus generales sobre lo que debería hacerse; votaron todos que se les precisase por la fuerza a volver dentro del lugar, medio seguro de adelantar la rendición, a que dijo la clemente majestad:

— Siento que caudillos tales me aconsejen semejante impiedad. Por todas las coronas del orbe no la cometería. Acójanse esos afligidos, tratándolos como a mi misma persona en el atento caritativo cuidado.

Hízose así, de que resultó que, noticiados los de adentro de acción tan loable, confirieron conformes:

— ¿Qué dominio más dichoso podemos tener que el de un príncipe tal?

Y entregáronse luego.

Bernardino Fernández de Velasco, duque de Frías

Barmherzigkeit

Barmherzigkeit machte Don Alfonso von Aragón zum Herrn über das Königreich Neapel, dessen Eroberung ihm mit Waffengewalt kaum gelungen wäre.

Er hatte den Belagerungsring um Gaeta gelegt, eine der wichtigsten Städte jener Provinz. Die Belagerten verteidigten sich mit beispiellosem Mut, aber als die Lebensmittel knapp wurden, beschlossen sie, alle nutzlosen Einwohner, wie Alte, Kinder, Frauen und Kranke, zur Stadt hinauszujagen. Diese elenden Menschen gerieten zwischen zwei Feuer. Der König versammelte seine Heerführer und beriet sich mit ihnen, was zu tun sei. Alle stimmten dafür, sie zu zwingen, wieder in die Stadt zurückzukehren, um so die Übergabe zu beschleunigen, wozu Seine Majestät in seiner Milde sagte:

«Ich bedaure, dass meine Heerführer mir zu solcher Grausamkeit raten. Für keine Krone der Welt könnte ich sie begehen. Nehmt diese Elenden auf und behandelt sie wie mich selbst mit aller Aufmerksamkeit, welche die Nächstenliebe für ihre Pflege erfordert.»

So geschah es, und als sich in der Stadt die Nachricht von dieser lobenswerten Tat verbreitete, bekannten alle einmütig:

«Was können wir uns Besseres wünschen als die Herrschaft eines solchen Fürsten?»

Sie ergaben sich unverzüglich.

Rimas

No sé lo que he soñado
en la noche pasada:
triste, muy triste debió ser el sueño,
pues despierto la angustia me duraba.

Noté, al incorporarme,
húmeda la almohada,
y por primera vez sentí, al notarlo,
de un amargo placer henchirse el alma.

Triste cosa es el sueño
que llanto nos arranca;
mas tengo en mi tristeza una alegría:
¡Sé que aun me quedan lágrimas!

Reime*

Ich weiß nicht, was mir träumte
in der vergangenen Nacht:
Traurig muss der Traum gewesen sein,
denn beim Erwachen blieb mir die Beklemmung.

Ich richtete mich auf und merkte,
dass mein Kissen feucht war.
Da spürte ich zum ersten Mal die Seele
in bittersüßem Glück sich weiten.

Etwas Trauriges ist ein Traum,
der uns zum Weinen bringt.
Doch in meiner Traurigkeit steckt Freude:
Ich weiß, dass ich noch Tränen habe!

LXIX

Al brillar un relámpago nacemos,
y aún dura su fulgor cuando morimos;
¡tan corto es el vivir!

La gloria y el amor tras que corremos,
sombras de un sueño son que perseguimos;
¡despertar es morir!

Gustavo Adolfo Bécquer

LXIX

Beim Aufleuchten eines Blitzes werden wir geboren
und sterben, bevor sein Glanz erlischt;
so kurz ist das Leben!

Dem Ruhm und der Liebe rennen wir nach,
Schatten eines Traumes nur verfolgen wir;
aufwachen ist sterben!

---

* Der Autor hat seine Gedichte ‹Rimas› genannt. Sie sind ohne Titel, dafür aber
  mit römischen Zahlen fortlaufend nummeriert, wobei nicht jede Ausgabe den
  Gedichten die gleiche Nummer zuordnet.

Un suceso

Me desperté con sed. Lola dormía. Me levanté con cuidado, sin dar la luz, salí de la habitación, avancé a oscuras por el pasillo. Entonces tropecé con alguien. Unos pasos apresurados se perdieron hacia la cocina y la puerta se cerró tras ellos.

Tardé un momento en reaccionar. Seguí por el pasillo hasta alcanzar el interruptor de la luz y luego, decidido, abrí de golpe la puerta de la cocina.

El hombre se había subido en el alféizar de la ventana abierta.

— No, por Dios — dijo —, no avise a la policía.

En su rostro el terror allanaba el gesto de su mirada enferma.

— Ángel — musité, como si de pronto mi memoria sufriera una sacudida.

— Martín — respondió con incredulidad instantes después.

Lola llamaba excitada desde el pasillo.

Cuando llegó a la cocina vio abrazados a aquellos dos amigos de la infancia, y su irrevocable decisión de llamar a la policía fue lo que motivó el inicio de la definitiva crisis de nuestro matrimonio.

Luis Mateo Díez

Eine Begebenheit

Ich erwachte und verspürte Durst. Lola schlief. Ich stand leise auf, ohne Licht zu machen, ging aus dem Zimmer und tappte im Dunkeln durch den Flur. Da stieß ich mit jemandem zusammen. Hastige Schritte entfernten sich Richtung Küche, und hinter ihnen schloss sich die Tür.

Es dauerte einen Augenblick, bis ich mich gefasst hatte. Ich ging weiter durch den Flur bis zum Lichtschalter, und entschlossen öffnete ich ruckartig die Küchentür.

Der Mann war auf den Sims des offenen Fensters gestiegen.

«Nein, um Gottes Willen», sagte er, «melden Sie es bitte nicht der Polizei.»

Auf seinem Gesicht milderte das Entsetzen den Ausdruck seines von Krankheit gezeichneten Blicks.

«Angel», wisperte ich, als ob meinem Gedächtnis plötzlich ein Stoß versetzt worden wäre.

«Martin», antwortete er kurz darauf ungläubig.

Lola rief aufgeregt vom Flur her.

Als sie in die Küche kam, sah sie die beiden Jugendfreunde einander umarmen, und ihr unwiderruflicher Entschluss, die Polizei zu benachrichtigen, stürzte unsere Ehe endgültig in die Krise.

La virgen y el ciego

La Virgen va caminando
de Egipto a Belén;
como el camino es tan largo
pide el Niño de beber.
– No pidas agua, mi vida,
no pidas agua, mi bien,
que los ríos vienen turbios
y no son para beber.
Allá arriba en aquel alto
hay un huerto naranjel.
El hombre que lo guarda
es un viejo que no ve.

– Dame, ciego, una naranja
para el Niño entretener.
– Entre usté, señora, y coja
las que tenga menester.
La Virgen, como es discreta,
no ha cogido más que tres:
una cogió para el Niño,

Die Muttergottes und der Blinde

Die Jungfrau ist unterwegs
von Ägypten nach Bethlehem;
der Weg ist weit,
und das Kind hat Durst.
«Bitte nicht um Wasser, mein Leben,
bitte nicht um Wasser, mein Kind,
die Bäche fließen trübe,
nicht zum Trinken ist ihr Wasser.»
Dort auf der Höhe
ist ein Orangenhain.
Der Mann, der ihn bewacht,
ein Greis, der nicht mehr sieht.

«Gib mir, Blinder, eine Orange,
das Kind zu laben.»
«Komm, Frau, und pflücke
die Früchte, die du brauchst.»
Die Jungfrau ist bescheiden
und hat nur drei gepflückt:
eine brach sie für das Kind

otra para San José,
y otra quedó en la mano
para entretener la sed.
Cuando la Virgen marchaba,
dice el ciego que ya ve:
– ¿Quién ha sido esa Señora
que me hizo tanto bien?
Será la Virgen María
y su esposo San José,
que van camino de Egipto,
de Egipto para Belén.

Villancico*

* volkstümliches Weihnachtslied

und eine für Sankt Josef,
eine hält sie in der Hand,
um ihren Durst zu löschen.
Als die Jungfrau des Weges ging,
sagt der Blinde, der schon sieht:
«Wer war wohl diese Dame,
die solche Wohltat mir erwies?
Gewiss die Jungfrau Maria
und Sankt Josef, ihr Mann,
sie kommen von Ägypten
und gehen nach Bethlehem.»

El emperador

Los políticos, secretamente, para evitar que nadie se convirtiese en tirano, hicieron un muñeco de madera y lo sentaron en el alto sitial de la autoridad suprema. Todos así resultaron idealmente representados por aquel muñeco sin bajas pasiones. Sin embargo, un día, el supremo muñeco de madera se proclamó emperador, lleno de ese sentimiento inevitable que se siente en los altos sitiales, y comenzó la tiranía de nuevo en aquel pueblo que creía haber resuelto con una estratagema el peligro de la tiranía.

Ramón Gómez de la Serna

Der Alleinherrscher

Ganz im Geheimen – damit es niemandem mehr
gelinge, sich zum Tyrannen zu machen – fertigten
die Politiker eine Holzpuppe an und setzten sie auf
den Herrscherthron. Durch diese Puppe ohne nied-
rige Leidenschaften fühlten sich alle in idealer Weise
vertreten. Allerdings rief sich eines Tages die Herr-
scher-Puppe zum Kaiser aus, denn auf dem höchsten
Thron sind solche Gefühle unausweichlich; damit
begann die Tyrannei in diesem Volk aufs Neue, obwohl es geglaubt hatte, sie mit ihrer List für immer
gebannt zu haben.

Poesía popular

Del rosal sale una rosa.
¡Oh, qué hermosura !
¡Qué color saca tan fino !
Aunque nace del espino
nace entera y olorosa.
Nace de nuevo primor
esta flor,
huele tanto desde el suelo
que penetra hasta el cielo
su fuerza maravillosa.

Volkslied

Aus dem Rosenstrauch erblüht eine Rose,
O, wie prächtig sie ist!
Wie wundersam wirkt ihre Farbe!
Sie ist zwar im Dornbusch geboren,
doch vollendet und duftend.
Sie ist in neuer Anmut geboren,
diese Blüte,
sie duftet betörend vom Boden her,
und bis in den Himmel hinein
dringt ihre Zauberkraft.

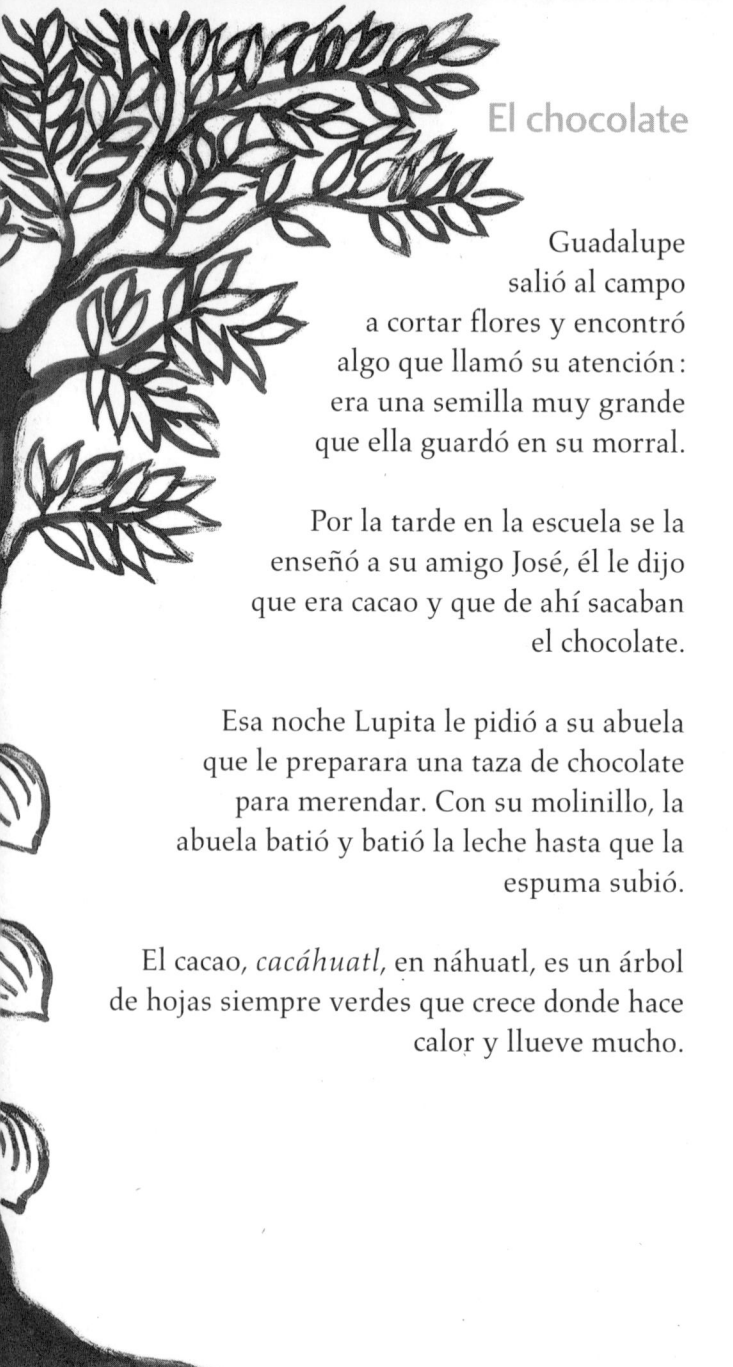

El chocolate

Guadalupe
salió al campo
a cortar flores y encontró
algo que llamó su atención:
era una semilla muy grande
que ella guardó en su morral.

Por la tarde en la escuela se la
enseñó a su amigo José, él le dijo
que era cacao y que de ahí sacaban
el chocolate.

Esa noche Lupita le pidió a su abuela
que le preparara una taza de chocolate
para merendar. Con su molinillo, la
abuela batió y batió la leche hasta que la
espuma subió.

El cacao, *cacáhuatl*, en náhuatl, es un árbol
de hojas siempre verdes que crece donde hace
calor y llueve mucho.

Die Schokolade

Guadalupe* ging
ins Freie hinaus und wollte
Blumen suchen. Da sah sie etwas,
das sie sehr überraschte: eine rie-
sengroße Samenkapsel, die sie
gleich in ihren Rucksack steckte.

Am Nachmittag in der Schule zeigte
sie den Fund ihrem Freund José, und
dieser sagte, das sei Kakao und daraus
könne man Schokolade herstellen.

Als Lupita** nach der Schule heimkam, bat sie ihre
Großmama sogleich, sie möge ihr doch eine Tasse
Schokolade zubereiten. Die Großmutter quirlte und
quirlte die Milch so lange, bis der Schaum im Pfänn-
chen bis zum Rand stieg.

Der Kakaobaum – er heißt in der Sprache der einhei-
mischen Indios *cacáhuatl* – hat immergrüne Blätter
und wächst nur in heißen Ländern, wo es viel regnet.

*   typischer mexikanischer Mädchenname
**   Koseform von Guadalupe

Las semillas están dentro de un fruto de cáscara rugosa y dura que hay que romper con un machete.

La pulpa del fruto es blanca y muy sabrosa. El árbol también da flores rojas, blancas y amarillas.

Los aztecas y los mayas no sólo comían y bebían chocolate, también usaban las semillas de cacao como moneda. Pagaban con ellas su ropa, su comida y sus utensilios de trabajo.

Para preparar el chocolate dejaban secar las semillas de cacao al sol. Después, las tostaban en el comal, y todavía calientes las molían en el metate.

Die Samen sind in einer Frucht mit sehr harter, runzliger Schale; diese muss man mit einem Buschmesser aufschlagen.

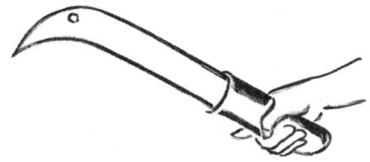

Das weiche Fruchtfleisch ist weiß und schmeckt sehr gut. Die Blüten des Kakaobaumes sind rot oder weiß oder gelb.

Für die Azteken und die Mayas, die Bewohner der Kakaoländer, war Schokolade nicht nur Nahrungsmittel und Getränk, sie benützten die Samen auch als Münzen und bezahlten damit ihre Kleider, Nahrungsmittel und Werkzeuge.

Wenn sie Schokolade essen wollten, ließen sie die Samen an der Sonne trocknen. Dann rösteten sie sie in einer Eisenpfanne und mahlten sie noch warm auf dem Mahlstein.

Ya que estaban bien molidas les ponían vainilla, polvo de maíz, un poco de miel y canela. Con esta pasta formaban pequeñas tortas que al enfriar se endurecían.

Cuando querían beber chocolate deshacían una tortita en agua caliente. Así es como todavía lo preparan en los pueblos. El mejor chocolate de México se hace en Oaxaca, Chiapas y Michoacán.

Casi todo el chocolate que comemos y bebemos se prepara actualmente en las fábricas, pero no se hace con ingredientes tan puros, ni es tan sabroso como el hecho a mano.

Wenn der Kakao fein gemahlen war, gaben sie Vanille dazu, feines Maismehl und ein wenig Honig und Zimt. Aus dieser Paste formten sie winzige Torten und ließen sie trocknen, bis sie hart wurden.

Wer Schokolade trinken wollte, ließ ein Törtchen im heißen Wasser zergehen. So wird in Mexiko heute noch in den Dörfern Trinkschokolade zubereitet. Die beste Schokolade in Mexiko macht man in Oaxaca, Chiapas und Michoacán.

Heutzutage wird fast alle Schokolade zum Essen und zum Trinken in Fabriken hergestellt, aber nicht mehr ausschließlich aus natürlichen Zutaten, und darum schmeckt sie auch nicht mehr so köstlich wie die ursprünglich von Hand zubereitete.

El chocolate es bueno para nuestro cuerpo pues nos da energía y fuerza, pero no hay que comer demasiado porque nos hace daño.

Merendar chocolate caliente … ¡Mmm qué rico!

Luz del Carmen Vallarta

Die Schokolade ist gut für unseren Körper, denn sie gibt uns Energie und Kraft, aber man darf nicht zu viel davon essen, sonst ist sie schädlich.

Ach, wie köstlich ist doch eine Tasse heiße Schokolade als Zwischenmahlzeit!

Bat

El Bat entró a formar parte de la familia cuando aún no había abierto los ojos. Su nombre vasco – bat quiere decir uno – iba seguido por el apellido que llevábamos todos, pues los pequeños, con muchas fatigas lo escribieron en el cuero de su collar. Nombre, apellido y lugar de residencia, como un individuo más de la casa.

Bat, quizá porque se sintiera un perro virtuoso, había declarado la guerra al jugador profesional del cuarto piso.

El hombre regentaba la timba de uno de los casinos. Era un tipo antipático, llevaba un bigote muy poblado, sospechosamente negro, el sombrero inclinado hacia la izquierda, como cualquier chulángano y caminaba haciendo molinetes con su bastón de Malaca.

Bat

Bat wurde zum Familienmitglied, noch bevor seine Augen offen waren. Auf seinen baskischen Namen (Bat bedeutet «eins») folgte der Familienname, den wir alle tragen, denn die Kleinen hatten ihn mit großer Sorgfalt auf das Leder seines Halsbandes geschrieben: Vornamen, Familiennamen und Adresse, wie bei jedem Familienmitglied.

Vielleicht weil sich Bat als tugendhafter Hund fühlte, hatte er dem Berufsspieler aus dem vierten Stock den Krieg angesagt.

Der Mann leitete ein Spielkasino. Er machte einen unangenehmen Eindruck, hatte einen dichten, verdächtig schwarzen Schnurrbart, trug den Hut schief auf der linken Seite wie ein Modenarr und ließ im Gehen sein Rohrstöcklein wie einen Propeller in der Luft kreisen.

El vecino, a pesar de presumir de machote, era un cobardica y le tenía un miedo terrible al Bat. El perro sabía perfectamente que le causaba pavor al hombre, que era un blando, y abusaba de la situación. Los perros adivinan muchas cosas de las personas … y se aprovechan de lo que saben.

Nosotros sabíamos también la incompatibilidad que existía entre el chucho y el vecino, pero no podíamos intervenir en una cuestión tan personal como las simpatías o antipatías del Bat.

El vecino era trasnochador, como lo requería su oficio, nuestro perro también lo era, por afición; y ésta era la única afinidad entre el vecino del cuarto y el vecino perruno del primero.

Nuestra puerta quedaba siempre, descuidadamente, sin cerrar. Eramos tantos en casa, sobre todo éramos tantos los niños que entrábamos y salíamos a cada momento, que fue ésta una sabia medida.

Además en casa había siempre poco dinero. Como no nos hubieran raptado a uno de nosotros (y joyas con dientes no las quiere nadie, como afirmaba Manuela) el ladrón tan sólo se hubiera podido llevar la ‹Historia del Padre Moret› en no sé cuantos tomos; un diccionario de la Lengua de Domínguez (el cual odiaba a la Real Academia), miles de libros sobre los más diversos temas, manoseados y ajados; la ‹Moda Elegante e Ilustrada› que una tía abuela guardaba como recuerdo de

Unser Nachbar kam sich zwar sehr männlich vor, aber er war ein Feigling und hatte schreckliche Angst vor Bat. Der Hund merkte natürlich ganz genau, dass er dem weichlichen Mann Furcht einflößte, und missbrauchte diesen Umstand. Hunde erspüren ja sehr viel von den Menschen, und sie nutzen ihr Wissen aus.

Auch wir wussten, dass Hündchen und Nachbar einander nicht leiden mochten, aber in eine so persönliche Angelegenheit wie Bats Freundschaften und Feindschaften wollten wir uns nicht einmischen.

Unser Nachbar war ein Nachtmensch, wie es sein Beruf erforderte, und unser Hund war ein Nachttier, einfach aus Neigung; das war die einzige Gemeinsamkeit zwischen dem Mieter aus dem vierten Stock und dem Hund aus dem ersten.

Aus Nachlässigkeit war unsere Wohnungstür nie abgeschlossen. Wir waren so viele Leute, und vor allem gingen dauernd so viele Kinder ein und aus, dass das eine weise Maßnahmen war.

Außerdem war nie viel Geld im Haus. Ein Dieb hätte höchstens eines von uns Kindern rauben können (und wer will schon ein Kleinod mit Zähnen, wie Manuela es ausdrückte), und ansonsten nur noch die ‹Weltgeschichte von Padre Moret› in unzähligen Bänden, das Wörterbuch von Domínguez (der die königliche Akademie der Sprache hasste), dazu tausende Bücher zu den verschiedensten Themen, alle abgenützt und mit Eselsohren, die ‹Elegante Mode in Bildern›, die eine Großtante von mir zur Erinnerung an ihre

sus jóvenes tiempos y docenas de libros en francés. Total nada aprovechable para un caco que se respete.

Como la puerta quedaba abierta, el Bat aprovechaba esa circunstancia para entrar y salir a su antojo.

Por las noches, en las altas horas, se oían los pasos del jugador que volvía del casino resonando en el silencio absoluto de la Plazuela.

El perro que esperaba este ruido, abría la puerta empujándola con el morro y se agazapaba en la escalera.

El hombre empleaba mil ardides para que no le sintiera su enemigo, tales como llevar suelas de goma, recorrer la Plazuela, desde la esquina a la puerta de la calle, andando de puntillas y abrir la puerta del portal con precauciones de Rafles.

Jugendjahre aufbewahrte und Dutzende Bücher auf Französisch. Also nichts, was einen Dieb, der etwas auf sich hält, hätte locken können.

Da die Wohnungstür also offen stand, ging Bat ein und aus, wie es ihm beliebte.

Wenn der Spieler zu später Nachtstunde heimkam, hörte man seine Schritte über den menschenleeren, stillen kleinen Platz hallen.

Mit der Schnauze stieß nun der Hund, der schon lange auf dieses Geräusch gewartet hatte, die Wohnungstür auf und setzte sich auf die Treppe.

Der Spieler versuchte mit tausenderlei Listen zu verhüten, dass der Hund ihn hörte: Er trug Schuhe mit Gummisohlen, ging auf Zehenspitzen von der Ecke des kleinen Platzes bis zur Haustür und öffnete die Haustür mit allergrößter Vorsicht.

Pero en cuanto ponía el pie en el primer escalón un gruñido amenazador lo paraba en seco.

El jugador maldecía por lo bajo: ¡Maldito perro!

Si pretendía afrontar la amenaza, blandiendo el bastón el gruñido se convertía en un borboteo de rabia … y el jugador, asustado, se rajaba.

Continuaban con este juego – en el cual el banquero no llevaba ventaja alguna – hasta que la Manuela que iba a misa primera ponía fin a la chulería del perro.

El pobre hombre, tan cansado como si hubiera subido al Everest, lograba llegar a su piso.

El perrero tomó parte en la lucha porque el jugador le prometió:

– Veinte duros para ti si te haces con el chucho.

Algo debió olerse el perro, porque cada vez que deseaba salir de casa, venía a nosotros con la correa en la boca. Así salía a la calle sin riesgo para él.

Al cruzarse con el perrero que rondaba la casa, queriendo ganarse la propina, el perro sintiéndose amparado por nuestra presencia le dirigía miradas de divertida conmiseración.

Pero aún cuando tuvo que restringir su libertad, las noches siguieron perteneciéndole.

Aber sobald er den Fuß auf die unterste Treppenstufe setzte, ertönte ein drohendes Knurren, und er blieb wie angewurzelt stehen.

Der Mann zischte wütend: «Du verfluchter Hund!»

Wenn der Spieler der Drohung trotzen wollte und sein Stöckchen schwang, wurde das Knurren immer wütender ... und dann gab er verängstigt klein bei.

Es gelang dem Bankfachmann nicht, Oberhand in diesem Spiel zu gewinnen, und so dauerte der Schabernack des Hundes an, bis Manuela, die in die Frühmesse ging, ihm ein Ende bereitete.

Endlich konnte der arme Mann in seine Wohnung hinaufgehen, so müde, als hätte er den Everest erklommen.

Auch war der Hundefänger an dem Kampf beteiligt, denn der Spieler hatte ihm versprochen:

«Einen Hunderter für dich, wenn du den Köter einfängst!»

Der Hund musste etwas gewittert haben, denn wenn er spazieren gehen wollte, kam er immer mit der Leine im Maul daher. So konnte er ungefährdet auf die Straße hinaus.

Wenn wir dem Hundefänger begegneten, der natürlich ums Haus strich, um sich das Trinkgeld zu verdienen, warf ihm der Hund mitleidig herablassende Blicke zu, so sicher fühlte er sich in unserer Gegenwart.

Aber wenn seine Freiheit tagsüber auch eingeschränkt war, so gehörten ihm doch immer noch die Nächte.

Hubo estricnina dentro de un magnífico trozo de carne. El perro lo olisqueó, y se apartó de él, desdeñándolo. Tenía un tufillo a bigote teñido …

Hubo pedradas dirigidas poco diestramente, contra él desde el cuarto piso; y un tiesto que «se cayó» del balcón del mismo piso le falló por muy poco.

Devolvímos pedrada por pedrada, lanzándolas contra el vecino malintencionado. Nuestros tiragomas fueron más efectivos y al sentirse tocado, el jugador danzaba sobre una pierna, haciendo el ridículo. El Bat no perdía paso de la danza, mirándolo apreciativamente, con señalado desprecio.

Hubo también una trampa para lobos que descubrimos a tiempo y confiscamos.

Nuestra réplica fue poner una cuerda cruzada en su escalera que le hizo darse un golpe, aunque sin consecuencias.

Un día se acabaron los raunds. El vecino perdió por abandono.

Se mandó mudar, como dicen los argentinos. Pero fue en el sentido literal de la frase, ya que se marchó con todos sus bártulos, su bigote teñido, su bastón de Malaca y una porción de kilos de menos. Creo que se fue a vivir al lado opuesto de la ciudad.

No volvimos a saber nada de él.

Einmal war Gift in einem prächtigen Brocken Fleisch. Der Hund witterte es, verschmähte den Fraß und trollte sich. Wahrscheinlich roch es nach gefärbtem Schnurrbart …

Aus dem vierten Stock kamen Steine geflogen, aber sie waren schlecht gezielt; und einmal «fiel» ein Blumentopf vom Balkon des gleichen Stockwerks und verfehlte ihn nur knapp.

Für jeden Stein, den der Nachbar in böser Absicht uns nachwarf, warfen wir einen zurück. Unsere Gummischleudern hatten allerdings mehr Erfolg, und wenn der Spieler getroffen wurde, tanzte er auf einem Bein und sah ganz lächerlich aus. Bat ließ sich keinen einzigen «Tanzschritt» entgehen, und man sah ihm seine Verachtung an, wenn er ihn beobachtete.

Einmal entdeckten wir noch rechtzeitig eine Wolfsfalle, und wir nahmen sie in Gewahrsam.

Als Antwort darauf spannten wir auf seiner Treppe eine Schnur, und er stolperte darüber, aber er tat sich nicht weh.

Eines Tages war das Spiel zu Ende. Der Nachbar gab sich geschlagen.

Er räumte das Feld, wie die Argentinier das nennen, und das im wörtlichen Sinne, denn er zog – mit all seinen Habseligkeiten, seinem gefärbten Schnurrbart und seinem Rohrstöckchen und ein paar Kilo Körpergewicht weniger – ans andere Ende der Stadt, soviel ich weiß.

Wir haben nie mehr etwas von ihm erfahren.

Nuestro Bat, a pesar de encontrarse a salvo de las asechanzas del perrero y de los golpes a traición del enemigo, no gozó con esta huida.

Desmejoró, dejó de trasnochar y la vida perdió alicientes para él.

No, nunca volvió a ser el perro de antes. Quizá por aquello de que «mientras vive el vencido, venciendo está el vencedor» …

Karmele Saint-Martín

Obwohl sich unser Bat nun vor der Hinterlist des Hundefängers und den Anschlägen seines Feindes sicher fühlen konnte, genoss er diese Flucht keineswegs.

Es ging ihm merklich schlechter, nachts wachte er nicht mehr, und das Leben hatte keinen Reiz mehr für ihn.

Nein, er war nicht mehr der Hund von früher. Vielleicht traf auf ihn das Sprichwort zu: «Solange der Besiegte am Leben ist, kann der Sieger weiter siegen» ...

Poema

El agua que está en la alberca
y el verde chopo son novios
y se miran todo el día
el uno al otro.

En las tardes otoñales,
cuando hace viento, se enfadan:
el agua mueve sus ondas,
el chopo sus ramas;
las inquietudes del árbol
en la alberca se confunden
con inquietudes de agua.

Ahora que es la primavera,
vuelve el cariño; se pasan
toda la tarde besándose
silenciosamente. Pero
un pajarillo que baja
desde el chopo a beber agua,
turba la serenidad
del beso con temblor vago.
y el alma del chopo tiembla
dentro del alma del agua.

Pedro Salinas

Gedicht

Das Wasser im Vorratsbecken
und die grüne Pappel sind verlobt,
und sie betrachten einander
den ganzen Tag.

An Herbstabenden bei Wind
bekommen sie Streit;
das Wasser kraust sich zu Wellen,
die Pappel schüttelt die Äste;
die Unruhe des Baumes
vermengt sich im Becken
mit der Unruhe des Wassers.

Jetzt ist es Frühling,
sie sind wieder verliebt, verbringen
den Abend mit Küssen
in stillem Genießen. Doch
ein Vöglein fliegt herab
von der Pappel zum Trinken
und stört die Heiterkeit
des Kusses mit kaum sichtbarem Zittern.
Die Seele der Pappel erschauert
inmitten der Seele des Wasser.

Introducción a la historia del arte

Ceno con Nicole y con Adoum.

Nicole habla de un escultor que ella conoce, hombre de mucho talento y fama. El escultor trabaja en un taller inmenso, rodeado de niños. Todos los niños del barrio son sus amigos.

Un buen día la alcaldía le encargó un gran caballo para una plaza de la ciudad. Un camión trajo al taller el bloque gigante de granito.
El escultor empezó a trabajarlo, subido a una escalera, a golpes de martillo y cincel. Los niños lo miraban hacer.

Entonces los niños partieron, de vacaciones, rumbo a las montañas o el mar.

Cuando regresaron, el escultor les mostró el caballo terminado.

Y uno de los niños, con los ojos muy abiertos, le preguntó:

– Pero ... ¿Cómo sabías que adentro de aquella piedra había un caballo?

Eduardo Galeano

Einführung in die Kunstgeschichte

Ich sitze mit Nicole und Adoum beim Abendessen.

Nicole erzählt von einem Bildhauer, den sie kennt, einem sehr begabten und schon berühmten Mann. Der Bildhauer arbeitet in einem riesengroßen Atelier inmitten einer Schar Kinder. Alle Kinder des Wohnviertels sind seine Freunde.

Eines schönen Tages bekam er vom Bürgermeisteramt der Stadt den Auftrag für eine Pferdestatue auf dem Hauptplatz. Ein Lastwagen brachte einen riesigen Granitblock. Der Bildhauer stieg auf eine Leiter und fing an, ihn mit Hammer und Meißel zu bearbeiten. Die Kinder sahen ihm dabei zu.

Dann fuhren die Kinder in die Sommerferien, in die Berge oder ans Meer.

Als sie wieder heimkamen, zeigte ihnen der Bildhauer das fertige Pferd.

Da fragte ihn mit ganz großen Augen eines der Kinder:

«Aber – woher hast du denn gewusst, dass in diesem Stein ein Pferd steckte?»

Adivinanzas

Quien será, será,
que de noche sale
y de día se va.

La luna

De la tierra voy al cielo
y del cielo he de volver;
soy el alma de los campos,
que los hace florecer.

La lluvia

Hojas tengo
y no soy árbol,
lomo tengo
y no soy caballo.

El libro

Lleva años en el mar
y aún no sabe nadar.

Arena

Pálida es mi cara, pero muy hermosa,
a veces de tarde se me ve borrosa,
en cambio de noche brillo como ninguna,
sobre el mar, sobre el río o sobre la laguna.

La luna

Rätsel

Wer ist's, wer mag es sein?
Kommt heraus bei Nacht
und verschwindet bei Tag.

Der Mond

Von der Erde steige ich zum Himmel,
vom Himmel falle ich herab;
ich bin die Seele der Felder
und bringe sie zum Blühen.

Der Regen

Blätter habe ich
und bin kein Baum,
einen Rücken habe ich
und bin kein Pferd.

Das Buch

Er verbringt schon viele Jahre im Meer
und kann doch noch nicht schwimmen.

Der Sand

Bleich ist mein Gesicht, doch wunderschön,
verschwommen bin ich bei Tag bisweilen sichtbar,
bei Nacht aber leuchtet nichts so hell wie ich – über
dem Meer, über dem Fluss oder über dem See.

Der Mond

Con su traje muy blanco encontré al hombrecito.
Bajo el terrible frío le vi muy derechito.
Pero cuando el sol de pronto nos envió su calor
se fue a la carrera el extraño señor.

El muñeco de nieve

De doce hermanos que somos
el segundo yo nací
y soy el más pequeñín.
¿Cómo puede ser así?

Febrero

Mientras que estoy preso, existo,
si me ponen libre, muero.

El secreto

En la calle me toman,
en la calle me dejan;
en todas partes entro,
en todas partes me echan.

El polvo

Soy bonito por delante
y muy feo por detrás,
me transformo a cada instate
pues imito a los demás.

El espejo

Ich traf einen Mann in weißem Gewand.
Bei bitterer Kälte sah ich ihn stehen.
Doch als die Sonne uns auf einmal ihre Wärme sandte,
machte der seltsame Mann sich eiligst davon.

Der Schneemann

Von zwölf Geschwistern
bin ich als zweiter geboren, und doch bin ich der
Kleinste.
Wie kann das sein?

Der Februar

Solange ich gefangen bin, gibt es mich,
lässt man mich frei, sterbe ich.

Das Geheimnis

Auf der Straße liest man mich auf,
auf der Straße lässt man mich liegen;
überall dringe ich ein,
überall schafft man mich weg.

Der Staub

Von vorne bin ich schön,
aber ganz hässlich von hinten,
dauernd verändere ich mich,
denn ich ahme alles nach.

Der Spiegel

El loco avisado

Un loco había en Chinchilla, lugar cerca
de Cuenca, que, persuadido de holgazanes,
llevaba un palo debajo de la falda, y, en
viniendo algún forastero, se llegaba a él
con disimulación preguntándole de donde
era y a qué venía; le daba tres o cuatro
palos, con lo que los otros se reían, y luego
lo apaciguaban, con la excusa de ser loco.
Llegó un manchego, y tuvo noticia en la
posada de lo que hacía el loco, y previnose
de un palo, acomodado debajo de su capa,
y fuése a la plaza a lo que había menester.
Llegóse el loco, y adelantóse el manchego,
y dióle muy buenos palos, con lo que le
hizo ir huyendo, dando voces y diciendo:

— ¡Gente, cuidado, que otro loco hay en
Chinchilla!

Gonzalo Correas Iñigo

Vorwarnung

Ein Narr in Chinchilla, einem Dorf in der Nähe von Cuenca, ließ sich von einer Bande von Tagedieben überreden, einen Stock unter seinem Wams mitzuführen, wenn er ausging. Kam ein Fremder des Weges, fragte er ihn wie nebenbei, woher er sei und was er hier wolle, und sogleich versetzte er ihm ein paar Stockhiebe; die anderen lachten und beruhigten den Fremden mit der Ausrede, ihr Freund sei eben ein Narr. Einmal kam ein Reisender aus der Mancha und erfuhr in der Herberge, was der Narr tat; er versah sich mit einem Stock, barg ihn unter dem Überwurf und ging zum Dorfplatz, um seine Geschäfte zu erledigen. Da näherte sich auch schon der Narr, aber der Manchego kam ihm zuvor und versetzte ihm eine Tracht Prügel, worauf jener schreiend davonrannte:

«Leute, aufgepasst, da ist noch ein Narr in Chinchilla.»

El marinero lógico

Como se ve en lo que pasó a un marinero, a quien reprehendía un ciudadano porque, habiéndose ahogado en el mar su padre, navegaba él. Le preguntó el marinero que adónde había muerto el suyo, y respondiendo el ciudadano que todo su linaje había muerto en la cama, dijo el marinero:

– Pues ¿para qué vuestra merced se acuesta en la cama?

Juan de Robles

Der scharfsinnige Matrose

Hier sieht man, wie es einem Matrosen erging, der von einem Mitbürger gescholten wurde, weil er zur See fuhr, obwohl sein Vater im Meer ertrunken war. Der Matrose fragte ihn, wo denn sein Vater gestorben sei, und er bekam zur Antwort, dass alle seine Vorfahren im Bett gestorben seien. Darauf sagte der Matrose:

«Also, wenn Sie gestatten, mein Herr: warum legen Sie sich dann ins Bett?»

El ilusionista

En el despacho de la Dirección del Circo se presentó una tarde un hombre flacucho, con tipo de cesante y de gato disecado.

El director le preguntó que qué hacía. Él dijo que era ilusionista, y que hacía desaparecer los objetos y las personas.

El gordo director, que jugaba con la moneda de un dije, como si con ella en la mano estuviese pensando una jugada sobre el tapete verde, le dijo riendo:

— ¿A que no me hace usted desaparecer a mí?

El ilusionista se desabotonó los puños de la americana y de la camisa, sacó el lápiz largo que era su varita mágica y dando un golpecito en la calva al director le hizo desaparecer. Después se quedó pensativo y resolvió no volverle a hacer aparecer.

Desde entonces es el director del circo el ilusionista.

Ramón Gómez de la Serna

Der Zauberer

Im Büro der Zirkusdirektion sprach eines Tages ein Mann vor, der aussah wie eine vertrocknete Katzenmumie und offenbar schon lange ohne Arbeit war.

Der Direktor fragte ihn, was er könne, und er antwortete, er sei Zauberer und könne Gegenstände und Personen zum Verschwinden bringen.

Der beleibte Direktor spielte mit einer Schmuckmünze, als wolle er sich damit eine Spielrunde auf dem grünen Filz ausdenken, und sagte mit einem Lächeln:

«Hoffentlich willst du nicht mich wegzaubern?»

Der Zauberer knüpfte die Bündchen an Jacke und Hemd auf, zog den langen Bleistift heraus, den er als Zauberstab benutzte, klopfte damit ein paarmal auf die Glatze des Direktors und brachte ihn zum Verschwinden. Dann stand er eine Zeitlang nachdenklich da und beschloss, ihn nicht wieder herbeizuzaubern.

Seitdem ist der Zauberer der Zirkusdirektor.

Inhalts- und Autorenverzeichnis